mary-kate olsen   ashley olsen

notre histoire

Vous aimez les livres de la série

mary-kate olsen ashley olsen
Les jumelles s'en mêlent

Écrivez-nous pour nous faire partager votre enthousiasme :

Pocket Jeunesse - 12, avenue d'Italie - 75013 Paris

mary-kate olsen ashley olsen

notre histoire

Leur biographie officielle
telle qu'elles l'ont racontée à Damon Romine

Traduit de l'américain
par Christine Bouchareine

POCKET
jeunesse

Titre original :
Mary-Kate and Ashley : Our Story
The Official Biography

Publié pour la première fois en 2003
par HarperEntertainment, un département
de HarperCollins Publishers, New York.

Loi n° 49-956 du 16 juillet 1949 sur les publications
destinées à la jeunesse : octobre 2003.

A PARACHUTE PRESS BOOK
Parachute Publishing, LLC - 156, Fifth Avenue, Suite 302 - New York, NY 10010.

Cover photo courtesy of Dualstar Entertainment Group, LLC.

ISBN 2-266-14393-X

1

Les véritables Mary-Kate et Ashley

Vous regardez avec vos amies la remise des MTV Music Awards à la télévision, en admirant les tenues des célébrités et en parlant des derniers disques.

Soudain, au bout du tapis rouge, vos stars préférées descendent d'une limousine. Toute jeune déjà, vous suiviez leurs séries télévisées et leurs films. Et maintenant, les voilà qui saluent la foule et sourient à la caméra. Vous retenez votre souffle.

Ce sont elles : Mary-Kate et Ashley Olsen. Elles mènent une vie de star, croyez-vous, bien différente de la vôtre. Mais quand vous leur posez la question, elles protestent.

— Globalement, nous menons la banale existence d'adolescentes normales, constate Mary-Kate.

— Exactement, renchérit Ashley. Nous allons au lycée, nous voyons nos copains et nous sortons avec des garçons. Comme les filles de notre âge, quoi !

Mary-Kate et Ashley aiment faire du shopping, aller au cinéma et à la plage. Elles pratiquent aussi le kick boxing[1], le yoga et la gymnastique.

— Petites, nous adorions le foot, et nous étions des pom-pom girls acharnées. Actuellement, l'aérobic est notre nouvelle passion.

Elles ont des coups de foudre pour les célébrités… et pour les garçons de leur lycée. Elles écoutent les disques de Dave Matthew, U2, John Mayer, et vont au concert avec leurs copains.

Difficile, pourtant, de croire qu'elles mènent une vie normale !

Mary-Kate et Ashley sont nées le 13 juin 1986 (Ashley est l'aînée de deux minutes !).

1. Boxe à coups de pied. *(N.d.T.)*

Elles vivent dans les environs de Los Angeles avec leur frère, Trent – de deux ans plus âgé –, et leur sœur, Elizabeth, qui a trois ans de moins. Leurs parents sont divorcés et elles partagent leur temps entre leur père et leur mère. Leur père, Dave, est courtier. Leur mère, Jarnette (Jarnie), était danseuse au ballet de Los Angeles.

— Trent est comme tous les frères, soupire Mary-Kate. Il joue les protecteurs et il adore nous asticoter. Il est très doué en dessin et en sport. Il fait du volley.

— Il nous manque beaucoup depuis qu'il est à l'université, ajoute Ashley. Heureusement, ce n'est pas trop loin et il revient souvent à la maison.

Lizzie, leur petite sœur, est très indépendante et a des idées bien arrêtées. Elle a fait quelques apparitions dans les vidéos de Mary-Kate et Ashley, sans pour autant avoir l'intention de devenir actrice. Ce qui ne l'empêche pas de participer aux spectacles du théâtre municipal.

Mary-Kate et Ashley ont également, par le second mariage de leur père, une demi-sœur, Taylor, six ans, et un demi-frère, Jake, cinq ans.

— On adore jouer avec eux. Et aussi s'en occuper. Tant d'enfants à la maison, c'est plutôt le bazar. Et ça, on aime !

— Comme dans toutes les familles, il nous arrive de nous disputer, avoue Mary-Kate. Vous savez comment ça se passe. On se chamaille pour la télécommande quand on n'est pas d'accord sur le programme de la télé. Mais la plupart du temps, tout le monde s'entend bien. Nous sommes très proches et nous formons un clan. Nous partageons tout. Seule règle à respecter : ne jamais rien emprunter sans avoir demandé l'autorisation !

— Mary-Kate préférait se servir quand elle était petite, nous apprend leur mère, Jarnie. Un jour, les tirelires des autres enfants avaient été dévalisées.

— Et Mary-Kate était devenue mystérieusement très riche, poursuit leur père, Dave. Nous avons redistribué l'argent et puni Mary-Kate.

Il y a toujours eu beaucoup d'animaux chez les Olsen : des chiens, des chats, des oiseaux, des tortues et des hamsters. Mary-Kate vient d'adopter un petit chien noir, un bâtard entre caniche et chihuahua, baptisé Jack, et elles ont deux autres chiens chez leur père. Mary-Kate possède aussi deux chevaux, CD et Star, en pension dans un ranch voisin.

L'équitation est l'un de ses sports préférés.

— J'adore monter à cheval. Je prendrais une leçon par jour si je pouvais.

Mary-Kate a même participé à des concours hippiques, comme en témoignent ses coupes.

De son côté, Ashley a hérité de sa mère la passion pour la danse classique. Elle fait aussi du tennis, et vient de se mettre au golf.

Ensemble, les deux filles pratiquent le yoga, un excellent exercice physique et mental.

L'une comme l'autre ont de grandes amies qu'elles voient fréquemment. Quand elles étaient plus jeunes, les jumelles faisaient du roller en compagnie de leurs amies et adoraient aller à Disneyland et dans le parc à thèmes appelé Knott's Berry Farm.

Un jour, elles ont emmené leurs amis sur Magic Mountain afin de jouer une scène de leur film *Vous êtes invités à l'anniversaire de Mary-Kate et Ashley*. Et il leur a fallu recommencer la scène huit fois de suite avant de la réussir !

— La tête nous tournait tellement que nous ne tenions plus debout ! se souvient Ashley.

Maintenant qu'elles ont grandi, leur engouement pour les montagnes russes s'est calmé. Elles préfèrent conduire. Le jour de leur seizième anniversaire, chacune a reçu une voiture neuve.

— C'est super ! On se sent plus libres. Parfois, on retrouve nos copains à la plage.

— On aime aussi rester à la maison, ajoute Mary-Kate. Il y a toujours quelque chose de sympa à faire. D'autant qu'il y a une piscine dans le jardin.

Les deux filles ont chacune leur chambre, chez leur père comme chez leur mère. Elles aiment le chic décontracté, et leurs chambres sont décorées avec de jolis tissus et des tonnes de coussins.

Toutes deux ont accroché des photos aux murs. Les portraits de leurs amis, des souvenirs de leurs tournages, des pays qu'elles ont visités, et surtout, des photos de leur famille.

Chacune a une chaîne et un téléviseur dans sa chambre. Quand on leur demande quelles sont leurs émissions préférées, elles répondent d'une seule voix *Will & Grace* et *Friends*.

Depuis l'âge de dix ans, elles possèdent chacune un ordinateur. Elles ont même suivi des cours pour taper plus vite sur leur clavier. Elles sont accros à Internet. Elles y font souvent des recherches pour leurs cours. Et, bien sûr, elles gardent le contact avec leurs amies du monde entier grâce au courrier électronique. Ashley, en particulier, tient à rester en relation avec les gens qu'elle a rencontrés lors de tournages à l'étranger.

Les deux sœurs prennent l'école très au sérieux, comme leurs parents qui font en sorte qu'elles reçoivent la meilleure éducation possible. Même lorsqu'elles sont en tournage, elles ne ratent pas un seul jour de classe.

— Hélas ! Travailler ne nous dispense pas d'aller à l'école. Bosser et étudier, tel est notre triste sort, soupire malicieusement Ashley.

— La loi nous oblige à suivre au moins trois heures de cours par jour quel que soit notre emploi du temps, explique Mary-Kate. Tant mieux, car cela ne nous plairait pas du tout d'être en retard sur le reste de la classe lorsque nous réintégrons le lycée.

Les filles prennent donc des cours particuliers dans les studios. Elles ont des devoirs à faire, des contrôles à passer, exactement comme au lycée. En principe, elles disposent d'un professeur pour les matières littéraires et la culture générale, d'un autre pour les maths et les sciences.

Elles réussissent dans toutes les disciplines. C'est à qui aura les meilleurs résultats.

— Ashley me stimule, dit Mary-Kate. Quand elle a une meilleure note que moi à un contrôle, je m'accroche afin de la battre au contrôle suivant.

— Idem pour moi, remarque Ashley.

Ashley préfère les maths. Mary-Kate, la littérature et la dissertation. Il lui arrive d'écrire des nouvelles. Toutes deux tiennent un journal quand elles partent à l'étranger.

Leurs professeurs particuliers peuvent se montrer très exigeants s'il le faut.

— Hou la la ! Qu'est-ce qu'on prend, si on a le malheur de rendre un devoir en retard… En fait, on est aussi pressées qu'eux de s'en débarrasser, précise Mary-Kate.

Quand elles tournent pour la télévision, les studios mettent à leur disposition une vraie salle de classe, avec bureaux, ordinateurs, cartes au mur, et tout et tout.

En revanche, pour les films, elles s'installent là où elles peuvent.

— Il nous est arrivé de prendre nos cours dans une caravane ou un couloir… et même, un jour, dans un grand placard ! raconte Ashley.

À l'époque où ce livre était en préparation, Mary-Kate et Ashley bûchaient leurs examens de fin de second cycle.

— C'est dur, mais c'est le prix à payer pour aller dans une bonne université. Alors, on tient le coup !

Pour autant, n'allez pas croire que seul le travail compte pour elles. Sur un plateau, elles essaient de s'amuser le plus possible. Ce n'est pas toujours facile. Parfois, les gens qui ne les connaissent pas sont sur la défensive. Ils s'aperçoivent rapidement que Mary-Kate et Ashley ne se prennent pas au sérieux.

— J'ai fait la connaissance de Mary-Kate et Ashley sur le plateau de *Vacances sous les tropiques*, se souvient Billy Brown, un acteur et ami qui joue dans trois de leurs films ainsi que dans *Totalement jumelles*. C'était mon premier grand rôle et j'appréhendais de les rencontrer. J'ai d'abord été surpris de leur timidité. Mais, dès nos premiers échanges, elles se sont montrées charmantes et surtout très drôles. Je m'éclate chaque fois que je travaille avec elles.

Elles font de leur mieux pour mettre chacun à l'aise. Et elles sont les premières à aider ceux qui ont des difficultés.

— Elles sont aussi gentilles que généreuses, dit un de leurs professeurs du studio.

Comment les jumelles peuvent-elles être aussi « normales » ?

— Grâce à nos parents, répondent-elles en chœur.

— Ils nous ont enseigné le respect des autres avant tout, explique Mary-Kate. En outre, nous sommes six enfants à la maison, et personne ne bénéficie d'un traitement de faveur.

— Eh oui ! nous devons ranger notre chambre comme les autres, conclut Ashley dans un soupir.

2

Jumelles

Par bien des côtés, Mary-Kate et Ashley sont comme vous et vos amies. D'autant plus si vous aussi avez une sœur jumelle.

— Les gens nous demandent constamment si c'est sympa d'avoir une sœur jumelle, dit Mary-Kate. C'est plus que ça !

Si les sœurs sont souvent très proches, les jumelles sont faites pour être les meilleures amies du monde. Elles sont unies par un lien particulier, comme un septième sens.

— Nous avons en permanence quelqu'un à qui nous confier, explique Ashley. Nous partageons tous nos secrets.

— Ashley sent immédiatement si je suis préoccupée ou si un garçon me plaît ! glousse Mary-Kate.

— Nous savons ce que l'autre ressent, mais pas au point de lire dans ses pensées, précise Ashley.

En fait, ces deux-là s'entendent merveilleusement bien. En outre, elles ont un sacré sens de l'humour. Sur le plateau, c'est à qui fera la meilleure blague.

— Par exemple, attacher une pince à linge dans le dos d'un acteur et voir sa tête quand il s'en aperçoit ! Ce vieux truc ne manque jamais de détendre l'atmosphère, raconte Ashley.

Non seulement avoir une jumelle permet de bien s'amuser, mais cela présente de gros avantages pratiques. Imaginez tout ce que l'on peut faire quand on a un double qui, de surcroît, partage vos goûts. Ainsi, lorsqu'elles étaient plus jeunes, Mary-Kate et Ashley se partageaient les essayages. Elles n'avaient pas besoin de miroir pour juger si une tenue leur allait !

Actuellement, ce n'est plus le cas. Mary-Kate est plutôt attirée par les vêtements et les accessoires funky tandis qu'Ashley penche pour les tenues classiques et bien coupées.

Avoir une sœur jumelle se révéla particulièrement appréciable lors du tournage de leur premier téléfilm, *Sarah et Julie n'en font qu'à leur tête*. Mary-Kate s'était blessée à l'œil à peine une semaine auparavant. On évita soigneusement de filmer son visage, Cependant, une scène très importante – un dîner entre les deux filles – impliquait des gros plans. Ashley enfila le costume de Mary-Kate et joua les deux rôles !

Pour des jumeaux, rien de plus facile que de se faire passer l'un pour l'autre, lors d'un examen, d'un rendez-vous amoureux, ou pour jouer un tour à un copain.

— Inutile d'essayer avec nos parents et nos amis ! disent Mary-Kate et Ashley. Ils nous différenciaient très bien.

Peut-être ont-elles oublié…

— Elles le faisaient souvent vers cinq ou six ans, reconnaît leur mère. Mais elles n'ont jamais réussi à nous tromper, leur père et moi.

Vraiment jamais ?

— Un jour, raconte Mary-Kate, notre père m'a prise pour Ashley. Toute l'équipe du film a éclaté de rire.

— Surtout ceux qui avaient du mal à nous distinguer, ajoute Ashley. Cela en a consolé plus d'un.

Quoi qu'il en soit, ce n'est pas toujours facile de deviner qui est qui. Chacun a sa méthode personnelle.

— Bob Saget, qui jouait le rôle de notre père dans un film, a mis du temps à y arriver, raconte Mary-Kate.

— Et quand il avait le malheur de se tromper, enchaîne Ashley, on le toisait, mains sur les hanches, l'air de dire : « Tu ne me reconnais pas, depuis tout ce temps ? » Ça s'est arrangé dès qu'il s'est familiarisé avec nos personnalités.

Même leur coiffeur ne sait pas toujours laquelle il est en train de coiffer.

Mary-Kate et Ashley ne se fâchent jamais dans ces cas-là. Elles ont l'habitude. Et elles précisent aussitôt qui elles sont.

Pourtant, malgré leur indéniable ressemblance, ce sont de fausses jumelles. Seuls quelques menus détails permettent de les différencier. Bébés, c'étaient leurs taches de rousseur. Plus tard, Ashley s'est révélée droitière, Mary-Kate gauchère.

Maintenant qu'elles ont seize ans, Ashley est légèrement plus grande, Mary-Kate un peu plus ronde.

— Il est plus difficile de nous confondre à présent, constate Ashley.

— Évidemment, je suis la plus mignonne, glousse Mary-Kate. Non, je plaisante ! Franchement, je trouve que nous ne nous ressemblons plus du tout.

Et pourtant…

Il y a quelques années, elles ont décidé de changer de coiffure. Mary-Kate, plus sportive et très active, fit couper ses cheveux assez court. Elle avait enfin trouvé son look. Cela lui allait si bien qu'Ashley en fit autant.

Et brusquement, de nouveau, elles se ressemblèrent comme deux gouttes d'eau !

Au fil des années, elles ont essayé bien des styles : court, long, frisé, raide. Comme toutes les adolescentes, en somme !

Côté maquillage, elles préfèrent le naturel avec juste une touche de brillant à lèvres. Et elles adorent se mettre sur leur trente et un quand elles sortent.

Encore maintenant, il leur arrive d'acheter séparément les mêmes tenues ou les mêmes accessoires, dans des couleurs différentes, cependant.

Et que se passe-t-il quand elles veulent porter la même chose, le même jour ?

— Là, ça se corse un peu, s'esclaffe leur père.

Celui-ci se souvient d'un concert où elles voulaient porter la même veste marron et le même pantalon noir. Finalement, Mary-Kate l'a emporté. La soirée suivante, ce fut à Ashley de choisir la première. Quand elles étaient plus jeunes, elles se disputaient fréquemment pour savoir laquelle avait les chaussures les plus cool.

Aujourd'hui, comment les jumelles règlent-elles leurs différends ?

— En général, il suffit qu'on en discute pour que cela s'arrange, explique Mary-Kate.

En fait, il n'y a jamais aucune rivalité entre elles.

— Sauf en ce qui concerne les notes, précise Ashley.

— Une saine émulation, quoi ! ironise Mary-Kate.

Pendant les tournages, elles s'aident mutuellement, se soufflent les répliques et s'encouragent.

C'est la raison pour laquelle elles forment une équipe formidable. Bien sûr, comme toutes les sœurs, il leur arrive de se taper sur les nerfs. Ou de se chamailler comme dans n'importe quelle famille. Heureusement, cela ne dure jamais très longtemps.

— Avoir une sœur jumelle nous aide à garder les pieds sur terre, dit Ashley. Nous nous épaulons l'une l'autre. Nous savons aussi dire à l'autre : « Hé, tu débloques ! » quand il le faut.

Un journaliste leur a récemment demandé, lors d'une interview télévisée, si elles souhaitaient aller dans des universités différentes.

— Non, en tout cas pas moi, répondit Mary-Kate. L'université est un cap si important à passer, avec tant de choses nouvelles ! Je n'aimerais pas avoir à me séparer de ma sœur à ce moment-là.

— Moi non plus, renchérit Ashley. Nous ne nous sommes jamais quittées.

3

Les années de *La fête à la maison*

Comment Mary-Kate et Ashley ont-elles débuté dans le monde du spectacle ?

Tout a commencé le jour où leur mère les a présentées à une agence de mannequins alors qu'elles avaient à peine sept mois.

— J'ai fait ça pour me distraire, explique-t-elle. Je voulais juste sortir de chez moi et me changer les idées.

À sa grande surprise, l'agence les engagea aussitôt et organisa casting sur casting. Il faut reconnaître que Mary-Kate et Ashley étaient de magnifiques bébés. Des jumelles, en plus ! Cependant, Jarnie s'attendait encore moins à ce qu'elles décrochent un contrat.

Le producteur Bob Boyett cherchait des jumelles pour interpréter le rôle de la petite Michelle dans la nouvelle série d'ABC, *La fête à la maison.*

La loi est très stricte sur le travail des enfants acteurs. Ils ne peuvent tourner que quelques heures par jour. Engager des jumeaux permet de doubler ce temps de travail.

Le jour où Jarnie amena Mary-Kate et Ashley, deux autres jumelles avaient déjà été sélectionnées. Bob Boyett changea d'avis dès qu'il vit les bébés Olsen.

— Elles étaient craquantes avec leurs grands yeux expressifs. Elles n'étaient pas effarouchées, elles vous dévisageaient quand vous parliez... Comme si elles vous comprenaient !

En outre, Mary-Kate et Ashley ressemblaient beaucoup aux deux filles qui jouaient leurs grandes sœurs. Candace Cameron tenait le rôle de D.J. et Jodie Sweetin celui de la cadette, Stephanie.

Ashley et Mary-Kate étaient les jumelles idéales. Le fait qu'elles soient de fausses jumelles risquait, malheureusement, de poser un problème. Bébés, leur ressemblance était telle qu'elles pouvaient jouer à tour de rôle le personnage de Michelle, mais qu'adviendrait-il quand elles grandiraient ? Se ressembleraient-elles encore ?

Vous avez sans doute vu le feuilleton *Ma sorcière bien-aimée*. Le rôle de Tabitha bébé était tenu par deux jumelles. Hélas, plus les mois passaient, moins elles se ressemblaient ! Si bien qu'il fallut se résoudre à n'en garder qu'une seule.

Fort heureusement, ce ne fut pas le cas avec Mary-Kate et Ashley.

La fête à la maison racontait l'histoire d'une famille très spéciale : trois hommes qui élevaient trois petites filles. Le père, Daniel Tanner, joué par l'acteur Bob Saget, venait de perdre sa femme dans un accident de voiture et se retrouvait seul avec trois filles, D.J., Stephanie et Michelle. Son ami

Joey (joué par l'acteur comique Dave Coulier) et son beau-frère Jesse (John Stamos) venaient alors s'installer chez lui pour l'aider à les élever.

Les trois hommes n'avaient guère de points communs. Danny était présentateur à la télé, Joey acteur comique et inventeur à ses temps libres ; Jesse, lui, rêvait de devenir chanteur de rock. Dans cette maison, la vie était loin d'être monotone !

Le temps que le tournage commence, en septembre 87, les jumelles avaient un an. On ne les voyait que dans de courtes scènes où oncle Joey changeait péniblement la couche de Michelle, tandis qu'oncle Jesse lui chantait une berceuse, et d'autres où elle faisait ses premiers pas.

Mais les producteurs s'aperçurent très vite du potentiel de Mary-Kate et Ashley. Elles se ressemblaient comme deux gouttes d'eau tout en ayant des personnalités fort différentes.

— À elles deux, elles pouvaient faire passer un plus large éventail d'émotions, ajoute leur mère.

Dès que les réalisateurs en prirent conscience, il leur fut facile de choisir telle ou telle jumelle selon les scènes. Dans les premières années, Ashley jouait les séquences qui demandaient de la sensibilité, Mary-Kate celles qui réclamaient de la résistance ou de l'audace. Au fur et à mesure que leurs personnalités se développaient, leurs rôles évoluaient.

— On donnait à Ashley, plus sérieuse, les longs dialogues. Et l'on réservait à Mary-Kate les scènes d'action ou exigeant plus de spontanéité, se souvient leur mère.

Bébés, il fallait parfois les stimuler pour obtenir un sourire ou les faire rire devant la caméra. Leurs mimiques étaient si drôles qu'elles contribuèrent largement à la popularité du feuilleton.

Quand elles commencèrent à parler, elles répétaient mot à mot les répliques que leur soufflait une répétitrice. Cette dernière était très impressionnée par leur docilité. Aucune des deux ne lui disait jamais non. Puis elles furent assez grandes pour lire, et elles apprirent leurs rôles comme les autres acteurs.

Le bébé Michelle remporta un immense succès ! Le public trouvait *La fête à la maison* vraiment différente des autres séries. Jamais personne n'avait osé confier un si grand rôle à un bébé, semaine après semaine. Et c'était Mary-Kate et Ashley qui avaient permis cet exploit.

D'épisode en épisode, l'audience augmenta. Tout le monde voulait voir ce bébé surprenant. Et *La fête à la maison* entra au hit-parade des meilleures séries télévisées !

— Pour la première fois, les téléspectateurs avaient réellement l'occasion de voir un enfant grandir à l'écran, dit Jarnie. Michelle faisait craquer petits et grands.

En outre, le fait que ce rôle soit joué par des jumelles fascinait le public. Les producteurs exploitèrent la situation en les faisant apparaître côte à côte à plusieurs reprises.

Les deux fillettes n'avaient aucune idée de l'intérêt qu'elles suscitaient. La célébrité était le cadet de leurs soucis. Elles étaient simplement impatientes chaque matin d'aller aux studios de la Warner « jouer » avec les autres acteurs de la série.

— Le plateau était comme une seconde maison pour nous, dit Mary-Kate.

Les filles adoraient s'amuser avec leurs jeunes covedettes et le golden retriever qui jouait Comet. Jodie Sweetin et les autres enfants qui tournaient dans la série venaient souvent les rejoindre dans leur loge remplie de jouets et de cassettes vidéo. Tous regardaient fréquemment des comédies musicales comme *Oklahoma*, *Blanches colombes et vilains messieurs*, *My Fair Lady* et *West Side Story*. Pas étonnant que Mary-Kate et Ashley en aient réalisé ensuite toute une série !

La vie en studio fut une expérience agréable.

— Travailler relevait bien plus du plaisir que de l'obligation, précise Mary-Kate. Chaque jour, nous avions hâte de nous rendre au studio, de retrouver les autres. Notre seconde famille, en quelque sorte !

Les deux bambines regrettaient même de ne pas travailler le samedi.

Au fur et à mesure qu'elles grandissaient, Michelle grandissait. On la voyait entrer à l'école maternelle, apprendre à lire, faire du vélo, du foot, danser. La série reflétait ce qui se passait réellement dans leur vie. Et lorsque Mary-Kate se découvrit une passion pour les chevaux, Michelle prit des leçons d'équitation.

Leurs facultés respectives ne cessaient de s'accroître.

— Nous étions ravis, dit leur producteur. Elles ont beaucoup acquis au contact des acteurs avec lesquels elles tournaient. Elles suivaient également des cours de théâtre. Et très vite, elles se sont mises à improviser. On ne leur donnait plus de répliques à apprendre. Elles sont devenues des actrices accomplies.

Aujourd'hui, Mary-Kate et Ashley n'ont guère de temps pour regarder la télévision. Il leur arrive cependant de se repasser des épisodes de *La fête à la maison* qu'elles considèrent d'un œil critique.

— De temps en temps, nous trouvons que nous aurions pu mieux faire, avoue Mary-Kate.

Le feuilleton se termina en 1995. Il avait duré huit ans. Un véritable exploit à la télévision ! En fait, ce fut l'une des séries d'ABC les plus diffusées !

Les jumelles et leurs proches préfèrent la considérer comme une formidable collection de vidéos souvenirs.

Mary-Kate et Ashley regrettent encore cette époque.

— C'est toute notre enfance, tout un pan de notre vie ! souffle avec émotion Mary-Kate. Nous avons grandi parmi l'équipe de *La fête à la maison*. Et elle nous manque beaucoup.

Cependant, les filles sont restées en contact avec leur famille de télévision. Tous se retrouvent lors de grands événements. Ashley et Mary-Kate ont assisté aux fêtes que Candace Cameron Bure (D.J.) et Lori Loughlin (Rebecca) ont données pour la naissance de leurs enfants. Elles ont aussi été invitées au mariage de John Stamos (oncle Jesse) avec le célèbre mannequin Rebecca Romijn. Elles éprouvent toujours un immense plaisir à revoir leurs amis, bien que cela ravive leur nostalgie.

Cependant, après la fin de ce feuilleton qui remporta un énorme succès, de fabuleuses opportunités les attendaient. Leur aventure ne faisait que commencer.

Saviez-vous que...

- Le numéro de téléphone des Tanner est le 555 24 24.
- Le numéro privé de D.J. est le 555 87 22.
- Michelle porte comme second prénom Elizabeth.
- Taly Mowry, qui jouait le rôle de Teddy, l'ami de Michelle, est le petit frère des jumelles Tia et Tamera Mowry de *Sister, Sister*.

4

De la télé à la vidéo en passant par plein d'autres choses

Premiers rôles dans vingt-cinq vidéos et neuf films : Mary-Kate et Ashley peuvent se vanter d'avoir autant d'expérience, sinon plus, que bien des adultes du show-business. Mais comment ces deux petites filles se sont-elles transformées en véritables stars d'Hollywood ?

La fête à la maison avait remporté un tel succès que le public ne pouvait plus se passer d'elles. Leurs fans voulaient absolument les voir jouer ensemble. C'est ainsi qu'elles décrochèrent leur premier rôle dans un téléfilm. Il s'agissait de *Sarah et Julie n'en font qu'à leur tête*, tourné durant l'été 92. Dès sa diffusion, quelques mois plus tard, il fut l'un des téléfilms les plus regardés de la saison.

Aux dires des jumelles, ce fut une expérience inoubliable ! Surtout pour Mary-Kate. Elle eut le coup de foudre pour l'une des covedettes du film : un poney nain qui s'appelait Four-by-Four[1]. Pendant des mois, chaque fois qu'on lui demandait si elle avait un amoureux à l'école, la fillette de six ans répondait :

— C'est Four-by-Four que j'aime.

Un jour, son père la surprit alors qu'elle faisait sa valise pour aller le rejoindre. Malheureusement, le poney vivait à Vancouver, au Canada, bien loin de Los Angeles.

— Mon plan était pourtant très élaboré, pouffe Mary-Kate : je me rendais à l'aéroport à pied ; là, je prenais l'avion pour Vancouver, et c'est tout ! Et ne me demandez

1. Quatre par quatre. Il mesurait sans doute quatre pieds sur quatre, c'est-à-dire 1,20 m sur 1,20 m. *(N.d.T.)*

pas comment j'espérais payer le billet. Papa m'a stoppée avant que j'aie à résoudre ce délicat problème.

Sarah et Julie n'en font qu'à leur tête marque un tournant dans la carrière des jumelles. Ce film confirme qu'elles sont des actrices accomplies, en dehors du personnage de Michelle Tanner.

Ensuite, elles produisirent ensemble des films, des vidéos, des émissions de télévision, des jeux interactifs, des poupées mannequins et des accessoires, des disques et même une série de livres exploitant leur gémellité. Et elles n'étaient encore que des fillettes !

Leur premier album, *Brother for Sale*, remporta lui aussi un grand succès.

— Lorsque nous répétions, Trent n'arrêtait pas de dire qu'il détestait le morceau-titre du CD, se souvient Ashley.

— Alors, je passais mon temps à lui seriner que c'était mon préféré, rigole Mary-Kate.

— Ne vous méprenez pas, corrige aussitôt Ashley. Nous adorons notre grand frère.

En 1993, les deux filles réalisèrent leur première comédie musicale qui s'appelait tout simplement *Notre toute première vidéo.* On y retrouvait plusieurs titres de leurs deux premiers albums, *Brother for Sale* et *I'm the Cute One*. Mary-Kate et Ashley travaillèrent sérieusement les chorégraphies avec un professeur. Néanmoins, dans cette première vidéo, on les voit surtout s'amuser à sauter sur les lits !

Notre toute première vidéo fut un nouveau succès pour Mary-Kate et Ashley. Elles le fêtèrent en invitant huit de leurs amis au restaurant avec hamburgers et milk-shakes à volonté. Ils s'y rendirent tous ensemble en limousine !

— Je nous revois encore, dit Mary-Kate. Nous étions très fières.

— J'ai d'ailleurs toujours autant de plaisir à rouler en limousine. Immanquablement, le souvenir de cette soirée me revient.

Leurs disques ont fait un véritable tabac. Mais Mary-Kate et Ashley n'avaient qu'une hâte : recommencer à jouer. Leur second téléfilm pour ABC eut encore pour décor le

Canada. C'était *Doubles jumelles, double problème*, un film d'épouvante qui se passe pendant Halloween. Les filles s'en donnèrent à cœur joie pendant le tournage car elles portaient des costumes complètement fous et le scénario était délirant.

1994 fut une grande année pour elles. Elles firent une apparition dans *Les p'tites canailles*, lors de la soirée pyjama. Louez la vidéo pour essayer de les retrouver !

Les filles retournèrent ensuite au Canada pour la réalisation du téléfilm *Deux jumelles dans l'Ouest*, au grand bonheur de Mary-Kate qui eut ainsi l'occasion de monter à cheval, une fois de plus.

Mais l'événement de cette année-là fut l'ouverture de l'agence de détectives Olsen et Olsen. Il s'agissait d'une nouvelle série de vidéos baptisée *Les aventures de Mary-Kate & Ashley*, dans lesquelles elles étaient détectives. Les « jumelles-trenchcoat », comme elles furent surnommées, avaient pour devise : « Votre mystère résolu avant le dîner. » Assistées de leur acolyte, Clue, un chien basset, les filles menaient leurs enquêtes dans les endroits les plus insolites : dans un parc d'attractions effrayant, sur un destroyer de la marine américaine, à Sea World en Floride, à Waikiki Beach à Hawaï, ou sur un volcan, pour n'en citer que quelques-uns.

— Le bonheur total ! se souvient Ashley. Nous avions l'impression de passer notre temps à voyager.

Ces vidéos plurent tant à leurs fans qu'on les publia sous forme de nouvelles. Suivirent *Les nouvelles aventures de Mary-Kate et Ashley*, une série de mystères inédits, écrits uniquement pour l'édition.

Les filles participèrent activement à la conception de ces livres.

— Nous avons rencontré les éditeurs afin qu'ils connaissent nos goûts et nos activités, dit Mary-Kate. C'est ainsi que certains épisodes ont comme toile de fond une randonnée à cheval, le surf ou la danse classique.

Leurs vidéos sont conçues sur le même principe. Leur vie de tous les jours a ainsi inspiré les inénarrables comédies musicales de la série *Vous êtes invités par Mary-Kate et*

Ashley à... car les jumelles adorent organiser des fêtes pour leurs amis.

Elles ont commencé par leur type de fête préféré en conviant leurs amies à venir dormir à la maison pour *Une soirée pyjama*. Puis elles ont appris à surfer pour *Une fête sur la plage d'Hawaï* et à skier pour... *Un réveillon de Noël.*

En 1995, nouvel événement dans la vie des jumelles : leur premier vrai film sur grand écran ! On pouvait enfin les voir au cinéma de son quartier aussi bien qu'à la télé !

Dans *Papa, j'ai une maman pour toi*, les filles jouent le rôle de vraies jumelles orphelines qui ne se connaissent pas, l'une pauvre, l'autre riche. Quand elles se rencontrent, elles conspirent pour que leur tuteur et leur tutrice tombent amoureux l'un de l'autre. Le film remporta un vif succès.

Ce qu'Ashley et Mary-Kate apprécient le plus dans leur métier, c'est qu'il leur permet de découvrir des pays merveilleux. Elles ont un faible pour Hawaï. Et devinez quoi ? En 1996, leur famille entière passa des vacances au soleil pendant que Mary-Kate et Ashley y tournaient quatre vidéos. Elles profitèrent de la plage dans *Vous êtes invités à une fête sur la plage d'Hawaï avec Mary-Kate et Ashley*. Elles pillèrent le réfrigérateur de leur chambre pour *L'affaire de l'hôtel Qui-qu'a-fait-ça*.

— Ce fut un moment, comment dire... délicieux ! s'esclaffe Mary-Kate. Notre réfrigérateur était rempli de bonbons et de sodas et nous devions le vider devant les caméras ! Les pâtes de fruits étaient un vrai régal ! Et, en plus, c'était gratuit !

— Le souvenir gravé à jamais dans ma mémoire demeure la vidéo que nous avons tournée à notre retour d'Hawaï, reprend Ashley. Il s'agissait du *Mystère de la base spatiale*.

Cette vidéo fut réalisée à la base de Huntville, en Alabama.

— Papa, Trent, Ashley et moi avons participé à un week-end de stage parent-enfant, raconte Mary-Kate. Chacun avait un rôle à remplir dans la préparation d'une prétendue mission de la navette : travailler au centre de contrôle, construire et lancer des maquettes de fusées jusqu'à 120 mètres d'altitude.

Nous avons même piloté des simulateurs de vol de la navette. Trent, grand amateur de jeux vidéo, était fou de joie !

Moment inoubliable pour les jumelles : leur dîner avec le célèbre astronaute Alan Bean, quatrième homme à marcher sur la lune, au cours de la mission Apollo XII, en 1970. (Apollo XII fut la seconde fusée à alunir.)

— Vous vous rendez compte ? Nous avons eu l'immense honneur de souper avec l'un des douze hommes à avoir touché le sol lunaire ! poursuit Ashley.

— Je me souviens de chaque détail de cette soirée. Nous étions très jeunes et pourtant, grâce à Alan Bean, nous avons compris ce que c'était que voyager dans l'espace.

Les filles durent enfiler des tenues de cosmonautes et expérimenter le simulateur pour savoir ce que l'on ressent quand on marche en apesanteur.

— Bizarre autant qu'étrange ! se rappelle Mary-Kate. On avait plutôt l'impression de flotter !

Sans conteste, la vidéo préférée d'Ashley reste *Soirée de gala à l'opéra*, qu'elle tourna avec le New York City Ballet ! Ce film lui offrit enfin l'occasion de montrer ses talents de danseuse.

— J'ai pu ainsi réaliser l'un de mes plus grands rêves.

Quant à Mary-Kate, elle avoue qu'elle avait le trac de monter sur scène. Elle s'en tira néanmoins très honorablement.

— En danse comme en gym, tout est question de résistance et de coordination. Mary-Kate possède les deux. Elle a beaucoup travaillé les jetés et les pliés, et le résultat était génial. Elle a surpris tout le monde, elle la première, ajoute fièrement Ashley.

Mary-Kate se sentit nettement plus dans son élément avec *Une fête au camping* ! Dormir sous la tente, faire de longues randonnées, pêcher, griller des marshmallows sur le feu... que demander de plus ?

— Ce n'était pas la tasse de thé d'Ashley, mais nous avons quand même réussi à la traîner là-bas.

Qu'il s'agisse de faire des pointes, de partir en mission spatiale ou de skier dans les Rocheuses, Mary-Kate et Ashley étaient toujours prêtes à se jeter à l'eau. Leurs fans étaient plus que jamais impatients de voir ce qu'elles allaient tenter de nouveau.

Ils ne furent pas déçus.

En 1998, Mary-Kate et Ashley tournèrent leur premier long-métrage vidéo : *Recherche maman désespérément*. Une fois encore, le scénario leur offrit l'occasion de pratiquer des activités qui leur plaisaient dans la réalité. Mary-Kate jouait le rôle de Tess, une surfeuse, et Ashley celui d'Emily, une plongeuse de haut vol. Dans cette comédie, les deux filles ne trouvent rien de mieux à faire que de coller une affiche sur un panneau de publicité pour trouver une nouvelle femme à leur père !

Recherche maman désespérément fut le premier d'une longue série de longs-métrages vidéo que leurs fans se repassent inlassablement.

5

Deux étoiles sont nées !

Lumières ! Moteur ! On tourne !

Les jumelles adorèrent l'ambiance de *Recherche maman désespérément.* Elles découvrirent ainsi qu'il y avait une grande différence entre la réalisation d'une vidéo de trente minutes et celle d'une vidéo d'une heure et demie. C'était trois fois plus drôle !

Cela nécessitait bien plus de travail et un planning nettement plus élaboré. Les dialogues à apprendre étaient plus longs, les scènes plus importantes, il fallait plus de temps pour tout préparer (les plateaux, les éclairages, les costumes...). Et comme elles étaient à la fois productrices et actrices du film, Ashley et Mary-Kate assumaient une lourde responsabilité. Mais ce genre de défi les excitait et elles réussirent à concilier travail et plaisir !

— Dans *Aventures à Paris*, je joue le rôle de Mélanie et Ashley celui d'Allison, raconte Mary-Kate. Ces deux sœurs sont expédiées chez leur grand-père pour les vacances de Pâques.

Évidemment elles profitèrent de l'occasion pour visiter les monuments parisiens et faire les quatre cents coups en sillonnant la capitale française en scooter, derrière deux petits Parisiens super mignons.

Ce film leur offrait un nouveau challenge : Ashley était censée parler couramment le français et ça, c'était moins évident.

Les jumelles décidèrent donc de le pratiquer le plus souvent possible, notamment pour passer commande au restaurant. Elles eurent même le courage de goûter aux escargots ! « Délicieux », selon Ashley. Quant à Mary-Kate… sa moue de dégoût ne laisse aucune équivoque, dans la langue de Molière comme dans celle de Shakespeare.

Aventures à Paris leur offrit leur premier rôle romantique. Le tournage leur réservait, en outre, une expérience délicate : leur premier baiser à l'écran, et sous les yeux de cinquante personnes ! À treize ans, en plus ! Imaginez leur gêne ! Elles reconnaissent volontiers que ce premier baiser en public les intimida terriblement. D'ailleurs, elles durent recommencer plusieurs fois la scène avant que la prise de vues ne soit satisfaisante !

— Quand on veut faire du cinéma, on ne peut pas se permettre de faire les timorées, dit Mary-Kate. On travaille toujours en groupe. Il faut s'y habituer.

Et du monde, il y en a souvent quand on filme en extérieur. Dans *Vacances sous les tropiques*, les jumelles jouent le rôle de Madison et Alex, deux filles qui tombent au milieu d'un réseau de trafiquants dans les Bahamas. Le film fut tourné au magnifique hôtel Atlantis de Paradise Island. Comme c'était en plein été, l'hôtel était rempli de familles de vacanciers, parmi lesquels de nombreux fans de Mary-Kate et Ashley. Elles ne pouvaient pas faire un pas sans qu'on les reconnaisse.

— À tel point que nous arrivions en retard sur le plateau, à force de serrer des mains et de signer des autographes, se souvient Ashley.

— Je me rappelle qu'un jour, pour m'épargner la foule, le producteur est passé me prendre à ma chambre, reprend Mary-Kate. Il a voulu que je mette un grand chapeau et des lunettes de soleil. Je savais bien que ça ne servirait à rien. En effet, les fans m'ont tout de suite reconnue. Ils criaient : « Bonjour, Mary-Kate », ce qui était d'autant plus drôle que certaines personnes de l'équipe du film n'arrivaient pas à nous distinguer l'une de l'autre.

En revanche, aucun passant ne les reconnut lors du tournage de *Un été à Rome*. Les jumelles jouaient les rôles de Charli et Leila, deux filles en stage dans le département mode d'une grande société italienne.

Une photo de nous, bébés.

À sept ans, nos meilleurs amis étaient nos nounours. Trop mignons !

À quatre ans, on se débrouillait déjà comme des grandes. Surtout pour découper les gâteaux !

Nos premières vidéos et nos premiers livres.

Une photo de nous à la montagne.
Le ski, on adorait ça — et on adore encore.

Une photo prise en Australie, sur le tournage de notre film *Liées par le secret*.

Visite de Londres, en Angleterre.

À Venise, en Italie. Distribution de graines aux pigeons.

Promenade sur les canaux vénitiens.

Une photo de famille qui date de l'été 2001. Au deuxième rang : notre maman, Jarnette ; Trent ; Lizzie. Au premier rang : Ashley ; Mary-Kate.

Été 2002 : la famille au grand complet. Derrière : Lizzie ; Trent ; McKenzie, notre belle-mère ; Mary-Kate ; Dave, notre papa ; Ashley. Devant : Taylor et Jake.

On peut toujours compter l'une sur l'autre.
C'est vraiment génial d'avoir une sœur.

— Mon personnage, Charli, raconte Mary-Kate, était amoureux d'un jeune Italien, Paolo, joué par Michelangelo Tomasso, une véritable vedette dans son pays. Un jour, pendant une scène romantique, un groupe de jeunes Italiennes nous demandèrent si elles pouvaient le photographier et elles m'ont priée de m'écarter !

— Quelquefois, ajoute Ashley, pour certaines prises de vues, on a besoin de calme, de personne derrière nous. C'est arrivé plus d'une fois sur le tournage de *Destination Londres*. Toute l'équipe s'est rendue, avant l'ouverture, à l'abbaye de Westminster. On était très émus à l'idée que les rois et les reines d'Angleterre y étaient couronnés et que des célébrités comme Charles Dickens, Robert Browning, Isaac Newton et Charles Darwin y étaient enterrées.

— Nous avons aussi passé un moment inoubliable à la Tour de Londres. Les gardes nous ont fait évacuer les lieux alors que nous n'avions pas terminé et le metteur en scène a continué de filmer avec sa caméra vidéo pendant que l'équipe pliait bagage. Moment d'autant plus inoubliable que ce passage se trouve dans le film !

— En déplacement, on a l'impression d'appartenir à une très nombreuse famille, souligne Mary-Kate. On devient très proche des gens avec qui l'on travaille.

Destination Londres raconte l'histoire d'enfants venus du monde entier débattre dans une ONU miniature.

— Il s'agissait d'une compétition, explique Ashley. Les cinq membres de l'équipe américaine, dont nous faisions partie, étaient censés bien s'entendre. La réalité surpassa la fiction : on s'entendait réellement à merveille !

— Difficile de faire autrement ! Les autres étaient si sympas. On s'est bien éclatés !

Mary-Kate et Ashley gardent également un merveilleux souvenir du tournage de *Vacances sous les tropiques*.

— Nous nous sommes tellement amusées sur la plage et à la piscine ! Nous formions une bande très soudée. J'étais sûre qu'on ne se perdrait pas de vue. Et j'avais raison.

— Nous avons rencontré des gens extraordinaires là-bas. Des amis pour la vie.

— Quand l'équipe et les acteurs s'entraident, cela évite de commettre des erreurs.

— Et Dieu sait qu'on en fait !

Aventures à Paris fut réalisé moitié à Paris, moitié à Los Angeles. Toutes les prises de vues en extérieur s'effectuèrent à Paris, et le reste en studio, quelques semaines plus tard, à Los Angeles, notamment la scène des adieux à l'ambassade. Normalement, les acteurs doivent porter exactement la même tenue, mais lors du transport des costumes de Paris à Los Angeles, la robe du personnage de Bridget fut égarée. Il fallut en prendre une autre et, si on regarde de près la scène des adieux, on s'aperçoit que ce ne sont pas exactement les mêmes.

Route et déroute raconte l'histoire de deux jeunes filles qui viennent d'avoir leur permis et qui se rendent en voiture aux jeux Olympiques d'hiver en Utah. Dans ce film, le ski occupe une grande place, et l'un des personnages, Lindi, se casse la jambe.

— L'actrice a poussé le zèle jusqu'à se la casser réellement ! commente Ashley. Or, elle devait encore tourner des scènes où elle n'avait pas la jambe fracturée. Alors on a changé le scénario pour qu'elle puisse continuer à jouer son rôle.

Heureusement, tous les problèmes ne sont pas aussi difficiles à résoudre.

— Un jour, Mary-Kate a piqué un fou rire au milieu d'une scène très sérieuse, se rappelle Ashley. Elle riait tellement que nous avons dû faire une pause. Quand nous avons repris, je me suis penchée vers elle et je lui ai dit : « Ça va maintenant ? » C'est alors moi qui ai explosé de rire !

— Tout le plateau se tenait les côtes et il a fallu vingt bonnes minutes avant que tout le monde se calme.

Sans conteste, pour toutes deux, la palme d'or des déboires revient au tournage du *Challenge*. Pourquoi ? Parce que l'eau de Mexico a rendu malade la majeure partie de l'équipe du film !

— On appelait ça la « revanche de Montezuma », ricane Mary-Kate.

Mais ces désagréments ne se voient jamais à l'écran. C'est ça, la magie du cinéma.

Et les filles sont toujours prêtes à s'élancer quand le metteur en scène hurle: « Moteur! »

Dans *Vacances sous les tropiques*, Mary-Kate et Ashley étaient les premières à sauter sur les jet-skis, à descendre les toboggans géants et à nager avec les dauphins.

Pour *Destination Londres*, elles apprennent le polo et l'escrime!

Liées par le secret les conduit en Australie pour tenter, sans succès, d'échapper à des gangsters.

— Le voyage a duré quatorze heures, mais ça valait vraiment le coup, relate Ashley. Quel pays magnifique! En plus, comme nous devions savoir surfer pour le film, c'est un champion qui nous a appris!

Les cascades de ce film n'étaient pas toujours évidentes. Notamment dans une scène que les jumelles devaient tourner avec un kangourou.

— Vince était tellement tendre et amical que nous aurions bien voulu le ramener chez nous, se souvient Mary-Kate.

Malheureusement, c'était impossible. Seules certaines scènes furent réalisées en Australie. Le reste fut filmé en studio à Los Angeles. Et là, les jumelles durent continuer avec un autre kangourou, nettement moins affectueux que Vince. Il était même plutôt grincheux !

— Nous n'étions pas très rassurées. Nous nous sommes appliquées afin de nous débarrasser de la scène au plus vite. Et ensuite tchao ! Si jamais vous avez l'occasion de regarder *Liées par le secret*, essayez donc de distinguer les deux kangourous !

Pour une autre scène de ce film, Mary-Kate et Ashley devaient traverser à pied le pont qui enjambe le port de Sydney, d'une hauteur impressionnante. Comble de malheur ! un orage éclata à ce moment-là. Les jumelles étaient mortes de peur que le pont ne soit frappé par la foudre ! Elles foncèrent ventre à terre pour rebrousser chemin.

Les jumelles ont eu un autre pont à franchir dans leur dernier film, *Le challenge*. Il s'agissait cette fois d'un pont en corde suspendu au-dessus d'un précipice hérissé de rochers. Le genre de pont qui se balance quand on marche dessus et qui peut même se retourner !

— Le réalisateur était très inquiet, malgré les harnais de sécurité, mais pas nous, déclare Ashley.

— On devait être inconscientes ! glousse Mary-Kate.

Dans une autre épreuve, Ashley se retrouve en équilibre sur un poteau téléphonique, au-dessus de l'océan. Le haut du poteau devait faire la taille d'une assiette.

— Et j'ai dû tenir pratiquement une heure sans tomber à l'eau.

Parfois, ce que vous voyez à l'écran est complètement truqué. Par exemple, toujours dans *Le challenge,* Mary-Kate semble se délecter d'un repas de vers de terre. On la voit plonger la main dans une assiette qui en est remplie, en porter un à sa bouche, et le mâcher avec délices ! Heureusement, celui qu'elle déguste est un faux, qui plus est en chewing-gum. Et ça, elle adore vraiment !

Quant à sa stupéfiante adresse au boomerang, que nous pouvons admirer dans *Liées par le secret*, nouveau trucage ! L'impeccable trajectoire que suit le boomerang est le fruit de l'ordinateur.

Recherche maman désespérément nous montre les filles en train de peindre un gigantesque panneau d'affichage sur Sunset Boulevard, à Los Angeles. Il aurait été très dangereux de le faire réellement, à une telle hauteur, au-dessus du flot ininterrompu de la circulation. Alors, un panneau identique a été dressé en studio, et la scène a été filmée sur un fond vert uni. Ensuite, les spécialistes des effets spéciaux ont remplacé ce fond par Sunset Boulevard.

Dans *Route et déroute*, on voit les jumelles conduire, alors qu'elles étaient encore trop jeunes pour en avoir le droit. En fait, la voiture était remorquée !

La plupart du temps, les scénarios des films sont calqués sur l'évolution réelle des jumelles. Rien d'étonnant donc à ce que ce road-movie [1], qui les mène en Utah pour les

1. Film où un voyage en voiture sert de toile de fond à l'action. *(N.d.T.)*

jeux Olympiques d'hiver, ait pour thème principal l'indépendance.

— Nous nous sentions très proches des personnages. C'était l'époque où nous apprenions à conduire et nous adorions ça. D'ailleurs, ça nous plaît toujours autant.

Pour Ashley comme pour Mary-Kate, un film doit être aussi drôle à tourner qu'à regarder.

Aujourd'hui, les jeunes filles s'intéressent plus à ce qui se passe de l'autre côté des caméras que lorsqu'elles étaient petites.

— Bien incarner son personnage n'est pas tout, affirme Ashley. Il est tout aussi important de savoir jouer avec la caméra, la lumière, le décor…

Maintenant qu'elles produisent leurs films, Mary-Kate et Ashley choisissent les lieux de tournage. Il leur arrive aussi de soumettre des idées de scénario et, bien souvent, de participer à l'écriture des dialogues.

— Les répliques doivent fuser. Avant tout, nous cherchons à faire rire, insiste Mary-Kate.

Une fois qu'elles ont approuvé le script, la réalisation du film peut commencer. Elles s'intéressent de près au casting, en association avec les autres producteurs. Elles choisissent aussi les morceaux musicaux de la bande-son.

Elles aiment visionner les différentes prises sur l'écran de contrôle. Ce qui, parfois, les décide à recommencer.

— C'est une expérience enrichissante, d'autant que nous aimerions bien nous lancer dans la mise en scène, déclare Ashley.

Tourné à Cabo San Lucas, au Mexique, *Le challenge* raconte l'histoire d'un groupe de jeunes en compétition dans un jeu de survie pour l'obtention de bourses d'études. Mary-Kate et Ashley interprètent deux sœurs qui ne s'aiment pas. Leurs parents sont divorcés, et l'une vit avec son père à Washington, l'autre avec sa mère à Los Angeles.

Malheureusement, elles se retrouvent dans la même équipe et leurs querelles compromettent les chances de leurs autres partenaires. Bien évidemment, tout s'arrange à la fin du film.

— Cela nous a changées des rôles que nous jouions habituellement, dit Ashley. C'était presque drôle de devoir se disputer.

— J'ai bien aimé le côté « lutte pour la vie », ajoute Mary-Kate. Et il y a une surprise sympa à la fin. Mais je ne vous en dis pas plus !

Sorti en 2003, *Le challenge* devrait être leur dernier long-métrage vidéo. Pas d'affolement pour autant ! Mary-Kate et Ashley ne disparaissent pas : elles passent au grand écran !

Leur projet ? Rien de moins qu'un film pour Warner Bros Studios !

— Nous étions à un virage de notre carrière, constate Ashley. Ou nous continuions dans le même style, ou il fallait tenter quelque chose de nouveau.

— Et nous avons décidé de foncer ! jubile Mary-Kate.

6

La télé à deux

Mary-Kate et Ashley Olsen. Connues également sous le nom de Michelle Tanner. Ou de Mary-Kate et Ashley Burke. Ou Chloe et Riley Carlson. Ou sous l'identité des agents spéciaux Misty et Amber. Quatre séries télévisées, quatre immenses succès.

Lorsque *La fête à la maison* prit fin, les deux sœurs se lancèrent dans une série de films et de vidéos. Puis, en 1998, elles décidèrent de revenir à la télévision pour tenir la vedette dans la série d'ABC *Les jumelles s'en mêlent*.

Il s'agissait des aventures de deux jumelles nommées Mary-Kate et Ashley. Seul leur nom de famille changeait. Elles s'appelaient Burke au lieu d'Olsen.

— Nous avions des personnalités opposées, dit Mary-Kate. Le producteur avait joué sur nos différences en les exagérant. J'interprétais un garçon manqué qui ne pense qu'à améliorer son tir au basket, et Ashley une bonne élève qui commence à s'intéresser aux garçons.

— Je ne suis pas autant fifille dans la réalité, précise Ashley.

— Ni moi aussi téméraire et sportive que mon personnage, renchérit Mary-Kate. Les différences entre les deux jumelles ont été accentuées, pour rendre le feuilleton encore plus drôle.

La famille Burke vit à Chicago où le père, veuf, est professeur d'université. Il cherche une jeune fille qui puisse à la fois être leur baby-sitter et un bon exemple pour elles.

Le rôle du père est joué par Christopher Seiber, celui de la baby-sitter par Sally Wheeler. C'était leur première à la télévision.

Ils allaient travailler avec deux pros qui étaient dans le métier depuis une dizaine d'années.

— Le premier jour, j'avais un trac fou, avoue Sally. Je me suis approchée des filles et je leur ai dit : « Vous savez, je n'ai jamais fait ça, je suis très nerveuse. » Elles m'ont répondu : « Ne vous inquiétez pas. On recommencera la scène autant qu'il le faudra. Alors, détendez-vous ! » Mary-Kate et Ashley ont toujours été adorables et prêtes à m'aider.

Sally découvrit qu'elle avait en fait beaucoup de choses en commun avec elles. Comme Mary-Kate, elle avait la passion des chevaux. Et comme les deux sœurs, elle adorait le roller. Pendant les pauses, on les voyait souvent patiner dans les studios de la Warner.

Une fois le pilote de l'émission terminé, Mary-Kate éleva quelques objections. Elle voulait qu'on affine son personnage.

— J'étais trop garçon manqué. Je n'apparaissais qu'en tenue de foot ou de basket. Enfin, comme ça ne me plaisait pas, il y a eu quelques petits changements. Mon personnage est devenu moins caricatural : toujours accro au sport, mais s'habillant différemment.

Le jean a donc remplacé le jogging. En revanche, Ashley portait des tenues nettement plus sophistiquées.

— Comme dans la réalité, constate Mary-Kate. C'est vraiment son style.

Malheureusement, *Les jumelles s'en mêlent* ne dura qu'une saison.

— Nous étions très tristes que cela se termine, regrette Ashley. Une seule saison suffit pour s'attacher aux gens avec qui l'on travaille.

Deux ans plus tard, Ashley et Mary-Kate revinrent avec *Totalement jumelles* sur Fox Family aux États-Unis (devenu depuis ABC Family). Ce projet différait des autres. Cette fois les deux sœurs en étaient productrices en chef. Non seulement l'idée venait d'elles, mais elles y participèrent dans de nombreux domaines, du scénario au casting en passant par les costumes. Elles devinrent les premières adolescentes à produire leur série télévisée en y tenant la vedette !

Mais ce n'était pas facile. *Totalement jumelles* fut tourné en un temps record. Elles mettaient moins de quatre jours à réaliser un épisode qui en demandait normalement cinq.

Mary-Kate jouait le rôle de Riley Carlson et Ashley celui de sa sœur, Chloe.

— Nos personnages sont plus complexes que ceux des sœurs Burke, explique Mary-Kate. Riley est écolo et veut sauver le monde. Elle est très spontanée et, pour elle, les jours se suivent et ne se ressemblent pas. En revanche, Chloe est une fille à sa maman, maniaque, un peu speedée et ambitieuse.

Si leurs prénoms vous semblent familiers, c'est que vous les avez déjà entendus dans *Destination Londres*. Ils leur plaisaient tant qu'elles ont souhaité les reprendre. Mais attention, elles les ont échangés ! Dans le film, Mary-Kate s'appelait Chloe, et Ashley Riley.

Dans cette dernière série, outre les problèmes de l'adolescence, Riley et Chloe sont confrontées à la séparation de leurs parents. Leur mère, Macy, célèbre styliste, vit dans une maison en bord de mer à Malibu. Leur père, Jake, en pleine crise existentielle, s'est installé dans un mobil-home non loin de chez elle. Chloe et Riley vivent avec leur mère tout en voyant leur père fréquemment.

Comme lors de la réalisation des *Jumelles s'en mêlent*, Ashley et Mary-Kate partageaient leur journée entre le tournage et l'école. Elles travaillaient quatre jours par semaine. Elles passaient trois heures chaque matin avec leurs professeurs du studio. Leurs devoirs correspondaient à ceux de leurs camarades au lycée.

Les sœurs ne réalisèrent que vingt-six épisodes de *Totalement jumelles*. Elles s'étaient engagées avec Warner Bros à réaliser un film avant leur entrée à l'université. Elles durent donc faire une coupure avec la télévision en 2002.

Ironie du sort ! Cette même année, Mary-Kate fut retenue pour un Emmy Award comme « Meilleure actrice de séries pour enfants ». Elle n'a pas remporté la statuette en or, mais a été très honorée d'avoir été sélectionnée.

Les jumelles ont aussi produit, pour la chaîne Nickelodeon, le dessin animé *Mary-Kate et Ashley en pleine action!* Elles font également les voix des personnages de Misty et Amber, deux adolescentes branchées qui traquent les méchants autour du monde. Alors que les jumelles-trenchcoat avaient leur basset Clue, Misty et Amber sont aidées par Quincy, une peluche informatisée qui parle!

— Nous avons passé beaucoup de temps avec les dessinateurs et les scénaristes pour la réalisation de ce feuilleton, dit Mary-Kate. Nous avons réellement travaillé en équipe pour trouver le look de Misty et d'Amber.

— Et nous avons découvert que ce n'était pas évident de prêter nos voix aux personnages, ajoute Mary-Kate. Nous sommes vraiment satisfaites du résultat.

Et même si Mary-Kate et Ashley attaquent aujourd'hui une carrière au cinéma, elles n'oublieront jamais le plaisir qu'elles ont éprouvé à tourner des séries télévisées.

— C'est ce qui nous a lancées, dit Ashley. Et c'est là que nous avons grandi.

7

La marque *mary-kateandashley*

Sur un rythme sourd, les mannequins descendent le podium sous les flashs des photographes qui bombardent les dernières créations de la marque *mary-kateandashley.* Le dernier modèle quitte la piste, et Mary-Kate et Ashley montent sur le podium à leur tour. Nouveaux crépitements des flashs pour les prendre dans leur tailleur de femme d'affaires.

Mais pourquoi une telle tenue ?

Parce que Mary-Kate et Ashley, non contentes d'être de fabuleuses actrices, sont également d'excellentes femmes d'affaires.

Leurs créations sont considérées comme ce que l'on trouve de plus branché dans les boutiques de jeunes.

Mais leur marque ne s'est pas faite en un jour. Les jumelles ont commencé à s'intéresser à la mode à dix ans, lorsqu'elles ont travaillé avec la styliste Judy Swartz qui élaborait leurs costumes. Les deux sœurs reconnaissent qu'elles avaient besoin de conseils à cette époque.

— Je ne voulais pas quitter mon short préféré, se souvient Mary-Kate. Un truc moulant avec des franges.

— Elle ne portait que ça, glousse Ashley. Et moi, je ne mettais que des baggys. Nous avions une sacrée allure avant de rencontrer Judy !

Judy fut engagée pour composer leur garde-robe lorsqu'elles commencèrent la série *Les jumelles s'en mêlent*. Comme n'importe quelle fille de douze ans, les jumelles voulaient paraître plus âgées et plus sophistiquées. Judy leur acheta des vêtements d'adultes et les fit retoucher.

Leur style unique fit un tabac et leurs fans voulurent savoir où trouver des tenues aussi cool que les leurs. Avec l'aide experte de Judy, les jumelles lancèrent la marque *mary-kateandashley* dans tous les magasins Wal-Mart du pays, en 2001.

Leur première collection comprenait des blouses paysannes inspirées des années soixante-dix, des débardeurs, des jeans, des chaussures, des vêtements de nuit, des bijoux et des lunettes de soleil.

— Parfois notre collection est influencée par les tenues que nous portons dans nos films, ajoute Mary-Kate.

— La plupart du temps, elle s'inspire de ce que nous aimons porter, précise Ashley.

Et que serait une collection sans un grand défilé de mode ? Mary-Kate et Ashley lancèrent leurs nouvelles créations avec un défilé de mode humoristique et une grande soirée à Hollywood. Le spectacle s'appelait *Mary-Kate et Ashley se lancent dans la mode*. Il fut retransmis par AOL, sur le Net, et diffusé sur Fox Family, aux États-Unis.

Mary-kateandashley devint rapidement l'une des marques les plus appréciées des jeunes Américaines. À peine livrés, les magasins furent dévalisés, les stocks épuisés ! Mary-Kate et Ashley décidèrent aussitôt d'accroître leur production.

Elles participent à la conception de chaque article.

— Nous définissons avec soin le type de tenues que nous souhaitons voir la saison suivante, explique Ashley. Judy se rend dans les capitales de la mode pour voir les tendances. Elle s'inspire autant des collections de couturiers que de la mode de la rue. Puis elle nous présente des modèles, et nous choisissons ceux qui nous plaisent.

— Il nous arrive aussi de partir d'une idée à nous, ajoute Ashley.

— Je travaille en étroite collaboration avec Mary-Kate et Ashley, précise Judy. Je leur montre les croquis, les échantillons de tissu, les prototypes, etc., et des produits finis. À chaque étape et jusqu'au produit final, elles donnent leur avis. Tantôt nous procédons à des modifications de détail, tantôt nous reprenons la coupe. Parfois, il nous arrive aussi d'éliminer purement et simplement un modèle que nous jugeons trop éloigné de notre style.

— Nous sommes très strictes sur les articles qui porteront notre nom, précise Mary-Kate. D'ailleurs, à quoi servirait de vendre quelque chose qui ne nous plaît pas ?

— Et notre méthode semble efficace, ajoute Ashley. Nous recevons des compliments des filles qui achètent la marque *mary-kateandashley.*

— Les jumelles ont une étonnante intuition de la mode, résume Judy. Jusqu'ici, elles ne se sont jamais trompées.

Elles avaient toujours rêvé d'avoir une collection de vêtements bien à elles.

— Et voilà que le rêve est devenu réalité, dit Ashley.

Mary-Kate et Ashley ont un faible pour les accessoires : bracelets en cuir, en turquoise, colliers ras du cou en cordelette ou en perles, bracelets de cheville...

— Je craque sur les montres, avoue Mary-Kate. Je ne m'en lasse pas ! Et aussi les chaussures ! Surtout les sandales à lanières et les tongs !

Quant au penchant d'Ashley pour les sacs… elle n'a même pas besoin d'en parler.

Actuellement, leur ligne de produits comprend des cosmétiques, des shampooings, des parfums, des sacs et du linge de lit. Depuis 2003, la marque *mary-kateandashley* est distribuée en Australie, au Royaume-Uni et au Mexique. Et bientôt on la trouvera dans d'autres pays !

L'allure est une chose, entretenir sa forme en est une autre, fondamentale pour se sentir bien dans sa peau. Pour cela il faut avoir une alimentation équilibrée et faire beaucoup de sport. Les jumelles le savent bien. Elles pratiquent le yoga. Elles mangent beaucoup de fruits, de salades et de poisson, et ne font plus d'orgies de sucreries. Et aux sodas elles préfèrent les jus de fruits ou l'eau.

— J'ai une faiblesse, avoue Mary-Kate. C'est le chewing-gum. Je m'en colle cinq à la fois dans la bouche quand personne ne me regarde.

Mary-Kate et Ashley ne sont pas uniquement des actrices ou des créatrices de mode. Elles continuent à éditer une collection de livres fondée sur les personnages qu'elles ont interprétés. En 2001, elles étaient même rédactrices en chef du magazine *mary-kateandashley*. Cette publication avait un regard plus mûr que les autres revues destinées aux adolescents.

— Nous parlions de mode, de musique, de films, de sports, de yoga et de garçons, dit Mary-Kate.

Le magazine remporta un vif succès. Hélas ! la société qui le publiait fit faillite, et il s'arrêta au troisième numéro.

Les jumelles surmontèrent leur grande déception en se lançant dans une autre aventure excitante : la sortie d'une poupée à leur image chez Mattel.

— Ça fait un peu bizarre de se voir en poupée, remarque Ashley.

En 2000, les poupées ressemblaient à Mary-Kate et Ashley quand elles avaient les cheveux courts, à l'époque des *Jumelles s'en mêlent*. En 2002, Mattel sortit une collection de poupées Mary-Kate et Ashley adolescentes au look plus moderne et qui portent les cheveux longs comme les jumelles.

Il y a aussi leur gamme de jeux vidéo interactifs.

— La plupart des jeux sont conçus pour les garçons, raconte Ashley. Les nôtres s'adressent exclusivement aux filles.

Le jeu *Winners Circle* (basé sur l'équitation) remporta dès sa sortie un énorme succès et arriva en tête des ventes. Mary-Kate et Ashley ont activement participé à sa mise au point, de la conception aux premiers essais.

— Nous l'avons suivi à chaque étape, et nous donnions le feu vert pour passer au stade suivant, dit Ashley.

Parmi leurs autres jeux, citons *Magical Mystery Mall*, *The New Adventures of Mary-Kate and Ashley*, *Crush Course* et *Get a Clue*.

Mais le plus novateur de tous, c'est à coup sûr *Sweet 16 : Licensed to Drive*. Mary-Kate et Ashley invitent les joueurs à un fantastique anniversaire où elles leur proposent une épreuve de permis de conduire assez décoiffante, de l'escalade, du jet-ski, du surf et beaucoup d'activités qu'elles adorent pratiquer dans la réalité.

Entre les vêtements, le maquillage, les accessoires, le linge de lit, les jeux et bien d'autres choses encore, faire vivre la marque *mary-kateandashley* représente un énorme travail. Les jumelles le prennent comme un amusement, tout en gardant les pieds sur terre.

— Devenir une marque déposée a quelque chose d'étrange, convient Mary-Kate. Mais ça ne change rien pour nous. Nous sommes toujours les mêmes.

8

Passé, présent et futur

Dans *La fête à la maison*, Michelle laissait accidentellement l'oiseau de la classe s'enfuir de sa cage. Mais elle le remplaçait à la fin de l'épisode et tout s'arrangeait.

La réalité, malheureusement, est parfois plus compliquée. La vie quotidienne de Mary-Kate et Ashley ressemble sans doute par bien des côtés à la vôtre. Il leur arrive d'avoir des ennuis en classe, de se poser des questions sur les garçons ou de se faire du souci pour leurs amies. Et ces problèmes ne se résolvent jamais aussi vite qu'à la télévision !

Comme les autres enfants, les jumelles doivent obéir à leurs parents, respecter une heure pour se coucher et observer certaines règles.

Leurs parents veillent à ce que la carrière des jumelles n'empiète pas sur leur vie sociale et affective. Ashley et Mary-Kate peuvent voir leurs amis à loisir, du moment qu'elles ont fait leur travail scolaire. Et ils tiennent à ce qu'elles aient de bons résultats, surtout à l'approche de l'université où seules d'excellentes notes leur permettront d'intégrer une bonne école.

— Mary-Kate et Ashley sont les deux filles les plus équilibrées que je connaisse, dit l'un de leurs producteurs. Elles possèdent un grand pouvoir de concentration. Non seulement elles connaissent leurs répliques et s'impliquent à fond dans leurs rôles, mais elles poursuivent leurs études normalement. Elles ont une excellente discipline de travail qui leur permet de toujours faire ce qu'elles ont à faire et cela parfaitement.

Mais elles ont, comme tous les élèves, des matières qui leur plaisent moins que d'autres ; et elles s'y collent d'autant plus.

— Mary-Kate et Ashley se donnent à cent pour cent dans tout ce qu'elles entreprennent, confirme leur père.

Pour l'instant, Mary-Kate et Ashley fréquentent une excellente école, où le fait qu'elles soient vedettes ou jumelles n'étonne personne.

— Quand nous ne tournons pas, nous allons en cours comme tout le monde, dit Ashley. Nous avons beaucoup d'amis dans notre école. Et nous sommes traitées comme n'importe quel élève.

— La seule chose sur laquelle on nous chahute, c'est notre petite taille, confie Mary-Kate en souriant. Notre frère Trent prétend qu'il en faut deux comme nous pour faire une fille.

Toujours cool à l'écran, elles redoutent pourtant les bains de foule. Mais comme elles aiment rencontrer leurs fans, elles surmontent leurs appréhensions.

À sept ans à peine, elles s'adressèrent à trois mille personnes à Disney World. Plus tard, elles affrontèrent vingt mille fans à Minneapolis ! Et, plus récemment, elles présentèrent les récompenses aux MTV Videoclips Awards, sous les acclamations de milliers d'admirateurs et de millions de téléspectateurs.

Leur aisance apparente en public masque, en fait, un trac terrible. Évidemment, il y a une grande différence entre tourner un film où l'on peut refaire une scène s'il le faut et participer à une émission en direct, où l'on n'a pas droit à l'erreur.

— Heureusement, le yoga nous aide à surmonter cet état, révèle Mary-Kate. Nous essayons de nous relaxer en respirant profondément et, en général, ça marche.

L'adolescence leur apporte de nouveaux sujets de préoccupation : la candidature aux universités, et, bien sûr, les garçons.

Quel est leur genre de garçon ? Elles apprécient, l'une comme l'autre, les caractères indépendants et décidés.

— Il faut qu'il soit drôle, beau et gentil, suggère Mary-Kate.

— Et surtout pas collant, insiste Ashley.

Inutile de préciser que les petits amis de Mary-Kate doivent plaire à Ashley, et vice versa.

Pour leur seizième anniversaire, elles eurent une surprise inoubliable. Plus de quatre-vingts parents, amis et collègues les attendaient à leur insu dans leur restaurant préféré. Et elles eurent droit à une folle soirée de danse, avec Photomaton et diseuse de bonne aventure. On présenta à chacune un gâteau reconstituant le permis de conduire californien, avec leur photo !

Jusqu'à présent, elles sont toujours sorties avec des garçons étrangers au monde du show-business, même si elles ont beaucoup d'amis dans ce milieu. Aaron Carter se compte parmi leurs admirateurs.

— Vous voulez savoir la vérité? Je suis fou des jumelles Olsen, avoue-t-il.

En prenant de l'âge, Mary-Kate et Ashley deviennent de plus en plus raffinées. Elles ont été photographiées dans des centaines de magazines, *Vogue*, *Vanity Fair*, *Women's Wear Daily* et *People* pour en citer quelques-uns.

Alors que leur réserve l'avenir ? Au fur et à mesure qu'elles grandissaient, leurs projets d'avenir ont changé. Maintenant qu'elles sont adolescentes, un nouvel éventail de possibilités s'ouvre à elles. Que feront-elles plus tard ?

Iront-elles à l'université ?

Continueront-elles à faire du cinéma ?

Passeront-elles de l'autre côté de la caméra ?

Feront-elles les trois choses à la fois ?

Tout est possible ! Mary-Kate et Ashley ont déjà prouvé qu'elles étaient aussi douées pour le show-biz et la mode que dans les études. Rien ne les empêche de mener ces trois activités de front.

Elles attendent actuellement de savoir quelles universités les accepteront. Ashley est attirée par des études de commerce, alors que Mary-Kate serait plutôt créative. Cette dernière voudrait d'ailleurs suivre des cours de photo et de cuisine. Et continuer l'équitation. Les deux filles souhaitent passer un semestre d'études à l'étranger, en Italie si possible.

Mary-Kate et Ashley préparent également un film pour leur propre compagnie de production et Warner Bros. Elles s'intéressent particulièrement aux personnages qu'elles devront interpréter. Elles souhaitent avoir des rôles plus mûrs.

— Nous aimerions aussi quelque chose de plus dramatique, déclare Ashley.

— Mais nous ne refuserions pas un film d'action, ajoute Mary-Kate. Avec des poursuites en voiture, des cascades, du danger.

Et il y a plusieurs acteurs avec lesquels elles aimeraient travailler.

— Cameron Diaz ou Luke Wilson, cite Mary-Kate.

— J'admire ce que font Reese Witherspoon et Drew Barrymore, ajoute Ashley. Ce sont de grandes actrices à l'écran, et, parallèlement, elles produisent des films où elles ne jouent pas.

Les jumelles rêvent de se mettre à la mise en scène. Ayant grandi devant les caméras, elles possèdent déjà de sérieuses notions.

— Ce sont des études qui me plairaient, affirme Ashley.

Pour le moment, c'est leur métier d'actrice qui compte le plus. Cependant rien ne les force à continuer.

— Si les filles décident un jour d'arrêter, pas de problème, dit leur mère. Mais je ne crois pas que cela arrivera de sitôt.

— Nous le dirions si nous en avions assez, déclare Mary-Kate en échangeant un grand sourire avec Ashley.

— Ce n'est pas demain la veille ! renchérit celle-ci. Nous adorons ce que nous faisons.

Le succès phénoménal de Mary-Kate et Ashley vient de ce qu'on les connaît depuis toujours.

— Nos fans se sentent proches de nous parce qu'ils nous ont vues grandir, explique Mary-Kate.

Mais leur popularité ne leur monte pas à la tête. Quand on leur demande ce qu'elles souhaitent le plus, Ashley répond :

— Garder la tête froide, et les pieds sur terre.

Et Mary-Kate ajoute :

— Réussir nos examens et aller à l'université.

Et dans un proche avenir, elles continueront à tourner et à s'amuser ensemble, devant et derrière les caméras.

— Peut-être un jour voudrons-nous réaliser un film ou autre chose séparément, dit Mary-Kate.

— Enfin, dans longtemps, très longtemps... Pour le moment, nous n'en avons aucune envie.

Mary-Kate et Ashley ont des rêves et des espoirs comme vous et moi. Certains de leurs rêves se sont déjà réalisés. Et à les entendre, transformer ses rêves en réalité est à la portée de tout le monde.

— Si vous voulez réellement quelque chose, foncez ! conseille Ashley. Travaillez dur et vous réussirez.

SAVIEZ-VOUS QUE...

– Dans les premiers génériques de *La fête à la maison*, le prénom de Mary-Kate s'écrivait sans trait d'union.
– Sur les photographies où elles sont habillées en bleu et en rose ou rouge, c'est en principe Mary-Kate qui porte du bleu et Ashley du rose ou du rouge.
– Les deux sœurs ont tourné des films aux États-Unis, en Angleterre, en Australie, aux Bahamas, au Mexique, en France et au Canada.
– Mary-Kate et Ashley ont défilé sur un char sponsorisé par les produits laitiers Jell'O, lors de la parade de Thanksgiving des grands magasins Macy's, en 1997.
– À six reprises, les jumelles furent les invitées d'honneur de *Sail with the Stars* ; ces croisières les conduisirent, entre autres, en Russie, dans les Caraïbes et en Alaska.
– Mary-Kate et Ashley ont été nommées ambassadrices de la jeunesse lors de la Coupe mondiale de football féminin aux

États-Unis, en 1999, l'année où l'équipe américaine a gagné.

- Toutes deux aiment s'endormir devant la télévision.
- Ensemble, elles ont tenu la vedette dans quatre séries télévisées : *La fête à la maison*, *Les jumelles s'en mêlent*, *Totalement jumelles*, et *Mary-Kate et Ashley en pleine action !*
- Les abonnés de la chaîne Nickelodeon les ont élues meilleures interprètes féminines pour leurs rôles dans le téléfilm *Papa, j'ai une maman pour toi*, en 1996.
- Elles ont à nouveau remporté ce titre en 1998 pour leurs interprétations de Mary-Kate et Ashley Burke dans *Les jumelles s'en mêlent*.
- Elles ont joué leur propre personnage dans un épisode du feuilleton *La force du destin* et sont apparues en invitées d'honneur dans *Au septième ciel* en 2000.
- Mary-Kate fut nominée aux Emmy Awards en 2002 pour son rôle dans *Totalement jumelles*.

– Elles ont reçu en 2003 le premier DVD Franchise Performers Award pour leur succès phénoménal sur le marché du DVD.
– Mary-Kate et Ashley ont été citées dans plus de 100 000 articles de journaux, elles ont fait la couverture de douzaines de magazines et sont apparues dans une centaine d'émissions de télévision.

MARY-KATE

NOM : Mary-Kate Olsen (pas de second prénom).

DATE DE NAISSANCE : 13 juin 1986 (2 minutes après Ashley).

COULEUR DES CHEVEUX : blond vénitien.

COULEUR DES YEUX : bleu-vert.

CARACTÉRISTIQUES :

- gauchère,
- deux centimètres et demi de moins qu'Ashley,
- une tache de rousseur sur la joue droite,
- un visage plus rond.

PASSE-TEMPS FAVORIS : l'équitation, le yoga.

CHAUSSURES FAVORITES : les sandales, mais nous les appelons des tongs.

MAGASINS PRÉFÉRÉS : les boutiques de Los Angeles, New York et Rome.

VÊTEMENTS PRÉFÉRÉS : jeans, T-shirts et pulls en cachemire, montres et colliers fantaisie.

ÉMISSIONS TV PRÉFÉRÉES : *Will & Grace*, *Friends*.

FILM PRÉFÉRÉ : *Bêtes de scène*.

STYLE DE LIVRES PRÉFÉRÉS : les aventures vécues, pas les fictions.

ACTRICES PRÉFÉRÉES : Cameron Diaz et Drew Barrymore.

DERNIER BÉGUIN PARMI LES CÉLÉBRITÉS : Luke Wilson.

MATIÈRE SCOLAIRE PRÉFÉRÉE : dissertation.

MATIÈRE SCOLAIRE REDOUTÉE : maths.

NUMÉRO : 8.

CE QU'IL Y A DANS SON SAC : brillant à lèvres, chewing-gum, porte-monnaie, téléphone portable.

SPORTS FAVORIS : basket et hockey.

EXERCICE FAVORI : yoga.

ANIMAL FAVORI : cheval.

COLLECTIONNE : les bougies.

OCCUPATION DU SAMEDI SOIR : dîner et cinéma avec des copains.

ADORE SE LEVER TÔT.

BOISSON PRÉFÉRÉE : moka glacé.

NOURRITURE PRÉFÉRÉE : sushi.

LÉGUME PRÉFÉRÉ : brocoli.

PARFUM DE GLACE PRÉFÉRÉ : moka.

PARFUM DE CHEWING-GUM PRÉFÉRÉ : fraise.

COULEURS PRÉFÉRÉES : marron et bleu.

FÊTE PRÉFÉRÉE : Noël.

SE DÉCRIT COMME : sociable.

DANS L'AVENIR : « Je me vois très bien aller à l'université, tourner, produire des longs-métrages, et continuer à diriger notre compagnie. »

ASHLEY

NOM : Ashley Fuller Olsen (Fuller est le nom de jeune fille de sa mère).

DATE DE NAISSANCE : 13 juin 1986 (environ deux minutes avant Mary-Kate).

COULEUR DES CHEVEUX : blond vénitien.

COULEUR DES YEUX : bleu-vert.

CARACTÉRISTIQUES :

– droitière,
– deux centimètres et demi de plus qu'Ashley,
– un visage ovale.

PASSE-TEMPS FAVORIS : yoga et golf.

CHAUSSURES FAVORITES : les sandales.

MAGASINS PRÉFÉRÉS : les boutiques de Los Angeles, New York et Rome.

VÊTEMENTS PRÉFÉRÉS : les accessoires, les accessoires et les accessoires.

ÉMISSIONS TV PRÉFÉRÉES : *Will & Grace* et *Friends*.

FILM PRÉFÉRÉ : *Waiting for Guffman*.

STYLE DE LIVRES PRÉFÉRÉS : policiers et romans historiques.

ACTRICES PRÉFÉRÉES : Julia Roberts et Drew Barrymore.

DERNIER BÉGUIN PARMI LES CÉLÉBRITÉS : Ben Affleck.

MATIÈRE SCOLAIRE PRÉFÉRÉE : maths.

MATIÈRE SCOLAIRE REDOUTÉE : littérature.

ACTIVITÉS POSTSCOLAIRES : yoga, devoirs, voir ses amis.

NUMÉRO : 8.

CE QU'IL Y A DANS SON SAC : brillant à lèvres, téléphone portable, porte-monnaie et agenda.

SPORTS FAVORIS : foot et hockey.

EXERCICE FAVORI : musculation selon la méthode Pilates.

COLLECTIONNE : les disques.

OCCUPATION HABITUELLE DU SAMEDI SOIR : dîner et flâner avec ses copains.

ADORE FAIRE LA GRASSE MATINÉE.

BOISSON PRÉFÉRÉE : thé au lait.

PLATS PRÉFÉRÉS : cheveux d'ange à la tomate et au basilic, sushi.

LÉGUME PRÉFÉRÉ : brocoli.

PARFUM DE GLACE PRÉFÉRÉ : pâte de cookie.

PARFUM DE CHEWING-GUM PRÉFÉRÉ : raisin.

COULEURS PRÉFÉRÉES : jaune, violet et bleu.

FÊTE PRÉFÉRÉE : Noël.

SE DÉCRIT COMME : « organisée, loyale et drôle ».

DANS L'AVENIR : « Je me vois très bien aller à l'université, tourner, produire des longs-métrages, et continuer à diriger notre compagnie. »

Dans la même collection

mary-kate olsen **ashley** olsen

Les jumelles s'en mêlent

1. Une baby-sitter, non merci !
2. Échec et maths
3. Poker menteuse
4. Sœur contre sœur
5. Espionnes en herbe
6. Super mannequins
7. Meilleures ennemies

mary-kateandashley
Super Spa Day
Poupées
Trempe ses mains et ses pieds dans l'eau
pour faire apparaître la couleur des ongles !
Change la couleur de ses yeux et de ses lèvres.
Passe une journée au spa avec Mary-Kate et Ashley ! Tu peux faire apparaître la couleur des ongles...
... et changer le maquillage de jour en maquillage pour le soir !
La chaise se transforme en coiffeuse.
Real Dolls for Real Girls
Real Dolls For Real Girls, mary-kateandashley.com, Mary-Kate and Ashley, mary-kateandashley, Mary-Kate, Ashley et tous les éléments afférents sont des marques de Dualstar Entertainment Group, LLC ™ et © 2003 Dualstar Entertainment Group, LLC. Utilisation sous licence. Tous droits réservés.
mary-kateandashley.com
America Online Keyword: mary-kateandashley
DUALSTAR CONSUMER PRODUCTS
MATTEL

Composition : Francisco *Compo*
61290 Longny-au-Perche

Impression réalisée sur Presse Offset par

BRODARD & TAUPIN
GROUPE CPI

La Flèche (Sarthe), le 18-05-2004
N° d'impression : 23201

Date initiale du dépôt légal : octobre 2003
Dépôt légal de la nouvelle édition : juin 2004

Imprimé en France

POCKET jeunesse
12, avenue d'Italie • 75627 PARIS Cedex 13
Tél. : 01.44.16.05.00